Analyse de l'œuvre

Par Claire Cornillon et Nasim Hamou

Hamlet

de William Shakespeare

lePetitLittéraire.fr

Rendez-vous sur lepetitlitteraire.fr et découvrez :

Plus de 1200 analyses
Claires et synthétiques
Téléchargeables en 30 secondes
À imprimer chez soi

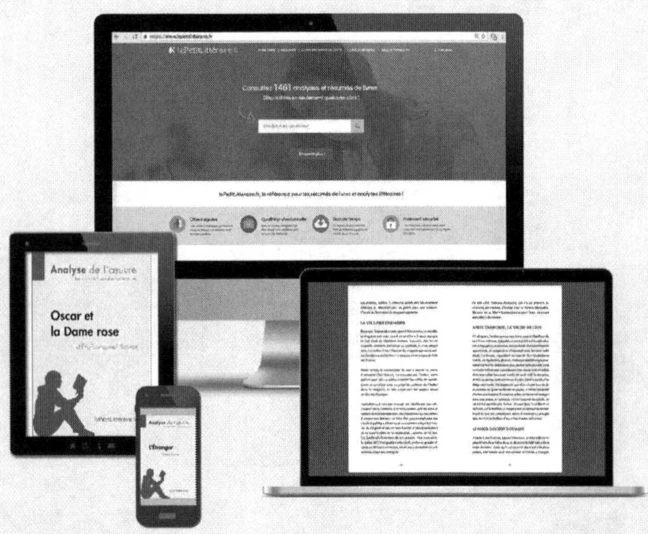

WILLIAM SHAKESPEARE

POÈTE ET DRAMATURGE ANGLAIS

- **Né en 1564 à Stratford-upon-Avon (Angleterre)**
- **Décédé en 1616 dans la même ville**
- **Quelques-unes de ses œuvres :**
  - *Le Songe d'une nuit d'été* (1592-1595), comédie
  - *Richard III* (1592-1595), pièce historique
  - *Roméo et Juliette* (1597), tragédie

Poète et dramaturge, figure éminente de la littérature anglaise et en particulier du théâtre élisabéthain (du nom de la reine Elisabeth I, 1558-1603), William Shakespeare est né en 1564. Bien que des doutes aient parfois plané sur son existence historique, cette dernière est désormais avérée (même si certaines périodes de sa vie restent méconnues). Il a écrit 37 pièces, que l'on classe généralement en quatre catégories : les pièces historiques comme *Richard III*, les comédies comme *Le Songe d'une nuit d'été*, les grandes tragédies telles *Hamlet* (1601) et enfin, les dernières pièces parmi lesquelles *La Tempête* (1611). Dans les années 1600, la troupe de cet acteur et écrivain, considérée comme l'une des meilleures de Londres, devient résidente du théâtre du Globe. William Shakespeare meurt en 1616.

HAMLET

TO BE OR NOT TO BE : UNE TRAGÉDIE ENTRE VÉRITÉ ET MENSONGE

- **Genre :** pièce de théâtre (tragédie)
- **Édition de référence** : *Hamlet*, traduit de l'anglais par François-Victor Hugo, Paris, Librio, 1994, 127 p.
- **1re édition :** 1601
- **Thématiques :** meurtre, folie, trahison, mensonge, vengeance

Hamlet est l'une des plus célèbres tragédies de Shakespeare. La pièce a été créée entre 1595 et 1600 avant d'être publiée en 1601. Le héros éponyme, prince du Danemark, a perdu son père. Deux mois plus tard, sa mère s'est remariée avec le nouveau roi, Claudius, frère de l'ancien. Hamlet n'accepte pas ce qu'il considère comme une trahison. Lorsqu'il apprend que son père a en fait été assassiné par Claudius, il semble sombrer peu à peu dans la folie.

RÉSUMÉ

ACTE I

La scène se déroule à Elseneur au Danemark. Des officiers en faction devant le château du roi voient un spectre. Il leur était déjà apparu la nuit précédente. Le spectre ressemble en tous points à leur ancien roi décédé, le père d'Hamlet. « Quel sens particulier donner à ceci ? Je n'en sais rien ; mais à en juger en gros et de prime abord, c'est le présage de quelque étrange catastrophe dans l'État », dit Horatio, l'ami de Hamlet (p. 11). Ces officiers font des rondes car le pays craint une attaque : l'ancien roi du Danemark (nommé Hamlet comme son fils) a été provoqué par le roi Fortinbras de Norvège et l'a vaincu sur le champ de bataille. Selon l'accord prévu, ses terres devaient donc revenir à Hamlet, mais le fils de Fortinbras (qui porte aussi le nom de son père) a levé « une bande d'aventuriers sans feu ni lieu » (p. 12) pour les récupérer.

À la mort du roi, son frère Claudius lui a succédé et a épousé sa femme, Gertrude. Hamlet, fils de l'ancien roi et neveu du nouveau, est particulièrement mélancolique depuis la mort de son père. Il reproche à sa mère de s'être remariée trop tôt, deux mois seulement après le décès de son époux, avec un homme qui ne vaut pas son père. Horatio raconte à Hamlet qu'il a vu un spectre et le prince décide d'aller sur la plateforme la nuit pour tenter de le voir également.

Laertes, fils du chambellan du roi Polonius, se prépare à repartir en France et dit au revoir à sa sœur, Ophélia. Celle-ci lui raconte qu'Hamlet, lui faisant la cour, semble avoir des sentiments pour elle. Il lui répond de se méfier : « Il ne lui est pas permis, comme aux gens sans valeur, de décider pour lui-même ; car de son choix dépendent le salut et la santé de tout l'État » (p. 22), précise-t-il. Polonius confirme ce conseil et dit à sa fille qu'elle doit s'éloigner d'Hamlet, qui se joue d'elle : « Ne vous fiez pas à ses serments », lui dit-il (p. 24).

Une nuit sur la plateforme, Hamlet, accompagné par Horatio et l'officier Marcellus, voit le spectre qui lui demande de le suivre. Il s'agit de son père qui lui apprend qu'il a été assassiné par Claudius : « Mais sache-le, toi, noble jeune homme ! le serpent qui a mordu ton père mortellement porte aujourd'hui sa couronne. » (p. 29) Claudius l'a empoisonné. Horatio et Marcellus jurent de ne jamais révéler ce qu'ils ont vu ce soir-là.

ACTE II

Polonius demande à son serviteur, Reynaldo, d'enquêter sur son fils, Laertes. Effrayée, Ophélia raconte à son père qu'Hamlet lui a rendu visite, débraillé et agissant d'une manière étrange. Polonius le croit fou. Le roi demande à des amis d'Hamlet, Guildenstern et Rosencrantz, de passer du temps avec lui et d'essayer de comprendre ce qui lui arrive. « Vous avez su quelque chose de la transformation d'Hamlet ; je dis transformation, car, à l'extérieur comme à l'intérieur, c'est un homme qui ne se ressemble plus » (p. 38-39), leur dit-il. Les ambassadeurs de Norvège informent Claudius que le roi de Norvège a fait arrêter Fortinbras pour ses méfaits. Polonius entre et informe Claudius et Gertrude qu'il pense qu'Hamlet est fou. En guise de preuve, il leur lit une lettre d'amour que ce dernier a écrite à Ophélia.

Guildenstern et Rosencrantz vont, comme convenu, trouver Hamlet qui leur fait part de sa mélancolie :

> « J'ai depuis peu, je ne sais pourquoi, perdu toute ma gaieté, renoncé à tous mes exercices accoutumés ; et, vraiment, tout pèse si lourdement à mon humeur, que la terre, cette belle création, me semble un promontoire stérile. » (p. 47)

Des comédiens sont en ville et Hamlet souhaite les voir. Il leur demande de jouer le récit d'Énée à Didon sur la mort de Priam, puis leur commande une représentation pour le lendemain. En effet, il désire à dessein les voir jouer *Le Meurtre de Gonzague* et ajoute à la pièce une apostrophe qu'il a lui-même écrite, supposée rappeler la mort de Claudius : « Je ferai jouer par ces comédiens quelque chose qui ressemble au meurtre de mon père, devant mon oncle. J'observerai ses traits, je le sonderai jusqu'au vif : pour peu qu'il se trouble, je sais ce que j'ai à faire » (p. 56), pense-t-il.

ACTE III

Guildenstern et Rosencrantz rapportent leur entrevue avec Hamlet au roi et à la reine et confirment leurs soupçons sur la folie d'Hamlet. Ces derniers se cachent pour observer Hamlet et Ophélia. Hamlet dit à la jeune femme qu'elle n'aurait pas dû le croire et qu'il ne l'aime pas. Ainsi le roi déclare-t-il qu'« Hamlet partira sans délai pour l'Angleterre, pour réclamer le tribut qu'on néglige d'acquitter. Peut-être les mers, des pays différents, avec leurs spectacles variés, chasseront-ils de son cœur cet objet tenace sur lequel son cerveau se heurte sans cesse, et qui le met aussi hors de lui-même. » (p. 61)

Hamlet demande à Horatio d'observer le roi pendant la représentation de la pièce. Claudius réagit en effet à la scène d'empoisonnement : Hamlet tient dès lors la confirmation des dires du spectre. Hamlet décide de parler à sa mère alors que Polonius est caché derrière une tapisserie pour les épier. Lorsque ce dernier bouge, Hamlet le poignarde à travers la tapisserie en s'exclamant : « Tiens ! un rat ! » (p. 79) et accuse sa mère d'avoir trahi son père en se mariant si rapidement avec Claudius. Le spectre apparait, mais sa mère ne le voit pas.

ACTE IV

La reine raconte à Claudius ce qu'il s'est passé : celui-ci déclare qu'Hamlet doit partir immédiatement en Angleterre accompagné de Rosencrantz et Guildenstern. Il envisage de le piéger, complotant pour que le roi d'Angleterre mette Hamlet à mort. Sur la route, Hamlet, qui feint d'obéir à son oncle, rencontre les troupes de Fortinbras qui marchent sur la Pologne et se lamente sur sa propre lâcheté.

Quand Laertes revient, persuadé que Claudius est responsable de la mort de son père et prêt à le renverser, il découvre qu'Ophélia a perdu la raison. Le roi propose à Laertes de faire en sorte qu'il croise le fer avec Hamlet : il pourrait alors se venger en le tuant grâce à une épée non mouchetée. Laertes décide d'empoisonner l'épée. : par précaution, le roi prépare également une boisson empoisonnée. Horatio reçoit une lettre d'Hamlet (que la rumeur dit emprisonné par des pirates) qui lui demande de le rejoindre. La reine annonce qu'Ophélia s'est noyée.

ACTE V

Des paysans creusent la tombe d'Ophélia dans un cimetière. Ils discutent de sa noyade et de la question du suicide, qui est condamné par l'Église. Hamlet les observe et s'étonne de la nonchalance avec laquelle le fossoyeur lance en l'air des crânes : « Qui sait si ce n'est pas le crâne d'un homme de loi ? Où sont donc maintenant ses distinctions, ses subtilités, ses arguties, ses clauses, ses passe-droits ? » (p. 110), s'interroge-t-il. Le roi, la reine et leur suite portent le corps d'Ophélia. Hamlet comprend alors qu'elle est morte. Choqué par les manifestations de douleur de Laertes, qu'il trouve extravagantes et fausses, il le provoque en lui disant qu'il aimait Ophélia davantage que lui.

Hamlet explique à Horatio comment il a échappé au piège ourdi par le roi et comment il a manigancé les morts de Guildenstern et Rosencrantz. Osric, un courtisan, vient le trouver et informe Hamlet des talents de Laertes au combat pour l'inciter à croiser le fer avec lui. Hamlet accepte le pari : « Si mon heure est venue, elle n'est pas à venir ; si elle n'est pas à venir, elle est venue : que ce soit à présent ou pour plus tard, soyons prêts. Voilà tout. » (p. 122) Alors que le duel commence, la reine boit par erreur dans la mauvaise coupe et meurt empoisonnée. Laertes et Hamlet, dans la confusion d'un assaut, échangent leurs fleurets et se blessent tous les deux avec la lame empoisonnée. Les deux rivaux se réconcilient et Laertes révèle à Hamlet le complot de Claudius. Hamlet tue le roi de son épée. Laertes meurt, suivi d'Hamlet, après qu'il a désigné Fortinbras comme son héritier. Entre Fortinbras. Horatio lui explique la situation et on emporte les corps.

ÉTUDE DES PERSONNAGES

HAMLET

Hamlet, héros de la pièce, est le fils de feu le roi du Danemark et le neveu de l'actuel roi Claudius, avec lequel sa mère, Gertrude, s'est remariée. Le personnage est omniprésent dans la pièce : lorsqu'il n'est pas sur scène, les autres personnages parlent de lui. L'intrigue tourne autour de sa mélancolie et de sa souffrance qui s'avère redoublée par la découverte de la trahison de son oncle. Il est au service de la vérité quand tous le croient fou. « Ce sont là des paroles égarées et vertigineuses, monseigneur » (p. 31), lui dit son ami Horatio.

Son état mental est ambigu car si ses amis voient le spectre au début de la pièce comme lui, lors de son entrevue avec sa mère, cette dernière ne le voit pas. Il agit de manière erratique et est tourmenté par ce qu'il sait. Le monde n'a plus de sens pour lui, il n'est plus source d'aucun plaisir : « Combien pesantes, usées, plates et stériles, me semblent toutes les réjouissances de ce monde ! Fi de la vie. » (p. 17) En un sens, il est une sorte de fantôme. Des pensées morbides l'habitent, comme le prouve la célèbre tirade dont les premiers vers sont « Être ou ne pas être » (tirade dans laquelle le prince met sur le même plan le sommeil et la mort, sommeil qui met fin aux maux du cœur) : Hamlet est un héros tragique, torturé et souffrant.

Son obsession pour la mort de son père lui fait dédaigner tout ce qui l'entoure, ce qui contribue à causer la perte d'Ophélia avec laquelle il a une relation ambigüe. Seul Horatio trouve grâce à ses yeux ; Hamlet lui accorde toute sa confiance. Dans ses échanges avec les autres personnages, il est souvent ironique, voire cynique. Son aparté de la scène II du premier acte durant lequel il affirme, à propos de sa relation avec Claudius, qu'il est « un peu plus que cousin, et un peu moins que fils » (p. 15), donne d'ailleurs déjà le ton. Il refuse de le considérer comme son beau-père. Il dit également à Ophélia, à propos de son père : « Mort depuis deux mois, et pas encore oublié ! Alors il y a espoir que la mémoire d'un grand homme lui survive six mois. » (p. 66)

Hamlet est un héros guerrier qui se mesure à Laertes à la fin de la pièce. Pourtant, lui-même se trouve lâche parce qu'il ne fait rien pour venger son père : « Être, ou ne pas être, c'est là la question. Y a-t-il plus de noblesse d'âme à subir la fronde et les flèches de la fortune outrageante, ou bien à s'armer contre une mer de douleurs et à l'arrêter par une révolte ? » (p. 58), se demande-t-il. Après de longues hésitations, il finit tout de même par dire ce qu'il sait à sa mère et par tuer le roi avant de mourir lui-même.

LES OPPOSANTS : CLAUDIUS, GERTRUDE, POLONIUS ET LAERTES

Ces quatre personnages sont des opposants à Hamlet. Claudius a assassiné son père, Gertrude a trahi son ancien mari en épousant son meurtrier et Polonius essaie d'éloigner sa fille d'Hamlet, le croyant fou. Ils représentent le mensonge, la trahison et l'hypocrisie. Ils ne sont que façades.

Laertes s'oppose également à Hamlet dont il est une sorte de double : son père est aussi assassiné par Hamlet au cours de la pièce, les deux partagent le même destin. Laertes, tout comme Polonius, se méfie d'Hamlet, et profite du stratagème que Claudius veut mettre en place pour se débarrasser de son ennemi. Il est donc du côté des opposants. Pourtant, le personnage est plus ambigu car son amour pour Ophélia semble réel et, tout comme Hamlet, il cherche avant tout à comprendre ce qui est arrivé à son père :

> « L'étrange mort de mon père, ses mystérieuses funérailles, où tout a manqué : trophée, panoplie, écusson au-dessus du corps, rite nobiliaire, apparat d'usage, me crient, comme une voix que le ciel ferait entendre à la terre, que je dois faire une enquête. » (p. 98)

LES ADJUVANTS : OPHÉLIA ET HORATIO

Ophélia est la fille de Polonius et la sœur de Laertes. Elle représente l'amour et incarne la victime innocente. La description de sa mort, où elle s'enfonce lentement dans l'eau et se noie, a inspiré bien des peintres. Elle aime Hamlet, mais celui-ci l'effraie et la repousse. C'est une héroïne tragique et même pathétique. Quand Hamlet tue Polonius par erreur, elle perd la raison avant de se laisser mourir, comme un double paisible d'Hamlet : là où lui deviendra de plus en plus ironique et violent, elle s'enferme sur elle-même et se suicide. C'est un couple impossible écrasé par les circonstances dramatiques dans lesquelles ils sont impliqués.

Horatio, quant à lui, est un officier. Il est l'ami fidèle d'Hamlet qui le décrit comme un homme juste. Il accompagne son ami et le soutient. Il est le seul qui demeure après toutes les morts de la dernière scène pour raconter ce qui s'est passé à Fortinbras.

CLÉS DE LECTURE

MENSONGE ET HYPOCRISIE

La pièce s'articule autour d'un balancement entre vérité et mensonge, et pose constamment la question de l'hypocrisie. Hamlet est celui qui revendique la vérité. Il rejette les apparences, qu'il oppose au sentiment vrai. Ainsi, sa mère porte, selon lui, les apparences du deuil, mais ne souffre pas réellement. Il le dit en ces termes :

> « Je ne connais pas les semblants. Ce n'est pas seulement ce manteau noir comme l'encre, bonne mère, ni ce costume obligé d'un deuil solennel, ni le souffle violent d'un soupir forcé, ni le ruisseau intarissable qui inonde les yeux, ni la mine abattue du visage, ni toutes ces formes, tous ces modes, toutes ces apparences de la douleur, qui peuvent révéler ce que j'éprouve. Ce sont là des semblants, car ce sont des actions qu'un homme peut jouer ; mais j'ai en moi ce qui ne peut se feindre. Tout le reste n'est que le harnais et le vêtement de la douleur. » (p. 16)

C'est pourquoi le personnage d'Osric lui déplait autant : c'est un courtisan qui se range toujours à l'avis du seigneur sans jamais dire son opinion. Il prouve sa nature de flagorneur quand il convient avec Hamlet qu'il fait chaud, puis froid, puis chaud lorsque celui-ci se joue de lui.

De même, Polonius incarne bien ce fonctionnement fondé sur le mensonge. Lorsqu'il demande à son serviteur de se renseigner sur son fils, il lui ordonne d'employer un stratagème et de mentir pour lui soutirer la vérité. Ainsi, non seulement les personnages trahissent les autres, mais ils le font de manière sournoise en travestissant leurs méfaits. Et plus encore, ils pensent être dans leur droit :

> « La carpe de la vérité se prend à l'hameçon de vos mensonges ; et c'est ainsi que, nous autres, hommes de bon sens et de portée, en entortillant le monde et en nous y prenant de biais, nous trouvons indirectement notre direction » (p. 37), déclare Polonius.

La cour du Danemark devient l'image même de la corruption par le mensonge.

LA FOLIE

Hamlet est un personnage qui descend d'une lignée de héros liés à la folie, à l'instar de son homologue saxon Amleth qui, dans la légende, feint la folie pour échapper à la cruauté de son oncle-beau-père et de Lucius Junius Brutus (héros semi-légendaire de Rome au VIe siècle av. J.-C.). Il ressemble également beaucoup à Oreste, personnage mythique qui doit venger son père et est poursuivi par les furies qui le rendent fou.

AMLETH, UNE LÉGENDE SCANDINAVE

L'histoire d'Amleth est un récit écrit vers 1200 par Saxo Grammaticus (moine et historien danois, v. 1150-v. 1220) dans la Geste des Danois. Son déroulement possède quelques ressemblances avec la pièce de Shakespeare. Fengo assassine son frère, le roi Horvendil et épouse la femme de ce dernier, la reine Gerutha. Amleth, fils d'Horvendil, échappe à la mort en feignant la folie. Au cours du récit, il échappe au piège tendu par une jeune fille, tue un espion dissimulé dans la chambre de sa mère, échappe à une tentative d'assassinat, épouse la fille du roi d'Angleterre et, à son retour au Danemark, tue Fengo. Le roi d'Angleterre étant allié à Fengo, il tente de piéger Amleth en l'envoyant auprès de la reine d'Écosse qui tombe sous son charme, il l'épouse, vainc le roi d'Angleterre et retourne au Danemark avec ses deux épouses.

En tant qu'héritier de ces personnages, la folie est très présente dans *Hamlet* :

- dans le théâtre de Shakespeare, la folie est le moyen par lequel le dramaturge exprime la totale désillusion et le désespoir de ses personnages. Elle devient un marqueur qui témoigne de ceux qui sont frappés par la tragédie et préfigure leur fin. Ainsi, Hamlet apparait comme un fou, de même qu'Ophélia après la mort de Polonius et que Laertes lorsqu'il se retrouve face à la dépouille de sa sœur. La folie est un prélude à la mort dans *Hamlet* ;
- la mort du père semble être liée à la naissance de la folie. Hamlet et Laertes sont obnubilés par une quête vengeresse, quant à Ophélia, elle tombe dans la folie après que l'homme qu'elle aime ait tué son père. Le décès du père est assimilé au désespoir total, à la perte des repères. L'absence du père met à mal les valeurs sociales et familiales : Gertrude se livre à ce qu'Hamlet perçoit

comme un adultère incestueux, Hamlet se change en vengeur-meurtrier, Laertes se voit reprocher ses transports trop expansifs devant la sépulture de sa sœur et Ophelia, autrefois prude et discrète, devient grivoise sous l'emprise de la folie ;

- les raisons de la folie d'Hamlet laissent perplexes les autres personnages. Selon Gertrude, la mort du père et son propre remariage en sont la cause, tandis que pour Polonius, c'est son amour pour sa fille qui a conduit le prince à la folie. Cependant, Hamlet est un personnage trouble qui semble avoir de nombreux moments de lucidité : aussi un doute est-il permis sur le fait qu'Hamlet, à l'instar d'Amleth et de Brutus, feigne sa folie. Pourtant, lorsque le spectre se présente devant Hamlet et sa mère, celle-ci ne le voit pas, ce qui semble confirmer la folie d'Hamlet ;

La folie apparait comme le messager du tragique qui frappe avant la mort. Elle donne corps à ce malaise que pressent le personnage de Marcellus à la scène IV de l'acte I. C'est elle qui mène les personnages à leurs destins tragiques. En cela, elle est aussi implacable que la mort.

ORDRE ET POLITIQUE

Comme dans d'autres pièces de Shakespeare et conformément à la pensée élisabéthaine, le destin des souverains influe sur le royaume tout entier. Des signes de la nature peuvent ainsi annoncer des crises au sein de l'État car tout est lié : le royaume est une image réduite de l'univers. Si le souverain est corrompu, le pays souffre de ses vices.

Horatio l'explique en ces termes :

> « À l'époque la plus glorieuse et la plus florissante de Rome,
> un peu avant que tombât le tout-puissant Jules César, les
> tombeaux laissèrent échapper leurs hôtes, et les morts en
> linceul allèrent, poussant des cris rauques, dans les rues de
> Rome. On vit aussi des astres avec des queues de flamme,
> des rosées de sang, des signes désastreux dans le soleil,
> et l'astre humide sous l'influence duquel est l'empire de
> Neptune s'épanouit dans une éclipse, à croire que c'était le
> jour du jugement. Ces mêmes signes précurseurs d'évène-
> ments terribles, messagers toujours en avant des destinées,
> prologue des catastrophes imminentes, le ciel et la terre les
> ont fait apparaître dans nos climats à nos compatriotes. »
> (p. 12-13)

En effet, Horatio résume à Fortinbras qui vient d'arriver ce qu'il s'est passé et les actes contre nature qui ont agité le royaume :

> « Alors vous entendrez parler d'actes charnels, sanglants,
> contre nature ; d'accidents expiatoires ; de meurtres invo-
> lontaires ; de morts causées par la perfidie ou par une force
> majeure ; et, pour dénouement, de complots retombés par
> méprise sur la tête des auteurs. » (p. 127)

Les personnages choisissent leur camp face aux drames et au réel : soit ils pensent à leurs intérêts propres et essayent de se protéger à tout prix en adoptant l'hypocrisie et le mensonge pour couvrir leurs crimes, soit ils choisissent de se confronter à la réalité sans se compromettre, se risquant à sombrer dans la folie, comme Hamlet ou Ophélia. Hamlet recherche la justice quand Claudius a agi aveuglé par le pouvoir. *Hamlet* est donc une pièce extrêmement sombre. Les personnages ne trouvent aucune issue si ce n'est la mort.

LE THÉÂTRE ÉLISABÉTHAIN

Le théâtre élisabéthain, dont Shakespeare est le plus célèbre représentant, tient son nom de la reine Elizabeth I d'Angleterre et désigne une période de forte production théâtrale dont on estime le nombre à 1 500 pièces entre 1562 et 1638. Cette période de prospérité est due à une politique bienveillante vis-à-vis des compagnies d'acteurs, protégés par le pouvoir politique. De nombreux théâtres sont construits au cours de cette période. L'écriture des pièces s'adressant à un public très varié, allant de l'aristocratie au menu peuple, cet art a pu connaitre un réel essor.

UNE VISION DU THÉÂTRE COMME ESPACE DE VÉRITÉ

La pièce met en scène un passage de théâtre dans le théâtre, au moment où Hamlet organise une représentation qui relate un évènement proche du meurtre qu'a commis Claudius. Cette mise en abyme sert au jaillissement de la vérité : le théâtre interagit avec la vie. Il n'est pas seulement un divertissement, une fiction séparée du réel : le théâtre influe sur le réel.

Ainsi Shakespeare permet-il à Hamlet de constituer un véritable art poétique, un discours sur le théâtre et sur l'art du comédien. Pour lui, le théâtre est avant tout le miroir du monde. Il doit donc être interprété de manière naturelle et sans excès :

> « Mettez l'action d'accord avec la parole, la parole d'accord avec l'action, en vous appliquant spécialement à ne jamais violer la nature ; car toute exagération s'écarte du but du théâtre qui, dès l'origine comme aujourd'hui, a eu et a encore pour objet d'être le miroir de la nature, de montrer à la vertu ses propres traits, à l'infamie sa propre image, et au temps même sa forme et ses traits dans la personnification du passé. » (p. 62-63)

Le Meurtre de Gonzague renvoie ainsi à Claudius l'image de son propre crime : la vérité se joue sur scène quand le mensonge règne dans le réel. Mais, plus encore, c'est la fiction qui permet de révéler le crime. Parce que Claudius réagit face à la scène d'empoisonnement, il confirme son crime à Hamlet et Horatio.

De même, la pièce met constamment en scène des passages où l'un des personnages se cache pour observer Hamlet, devenant ainsi spectateur. Une seconde scène de théâtre se dessine alors au sein même de la scène de théâtre. Hamlet devient dès lors « acteur » et l'on peut se demander dans quelle mesure il joue un rôle et dans quelle mesure il a perdu la raison. Il semble parfaitement lucide sur les intrigues qui règnent autour de lui et donne à tous ceux qui l'entourent ce qu'ils attendent : des preuves de sa folie. Mais est-il vraiment fou ? Il est difficile de le dire.

Shakespeare joue ainsi avec le motif théâtral et les mises en abyme pour dire quelque chose sur son art : le théâtre est le lieu de la vérité, même si elle passe par l'invention d'une fiction.

LECTURE ŒDIPIENNE DE *HAMLET*

Selon Carl Gustav Jung (psychiatre, psychanalyste et fondateur de la psychanalyse analytique, 1875-1961), la plus importante des jalousies infantiles est celle que ressent le jeune garçon envers son père, qui le frustre de l'affection maternelle. Sigmund Freud (médecin autrichien, fondateur de la psychanalyse, 1856-1939) théorise le complexe d'Œdipe, un désir inconscient d'avoir des rapports sexuels avec son parent de sexe opposé et de tuer celui de même sexe. Le personnage d'Hamlet semble présenter les caractéristiques de ce complexe :

- les rapports qu'entretiennent Hamlet et sa mère sont des rapports de dégout vis-à-vis de son mariage avec Claudius. Il affiche un mépris très fort envers la reine dont on peut émettre l'hypothèse qu'il est né d'un sentiment de jalousie envers Claudius. Ce n'est pas tant le meurtre de son père qui semble le plus révulser le protagoniste, mais le remariage de sa mère qu'il considère comme un inceste et un adultère. C'est parce qu'Hamlet découvre la véritable nature de sa mère qu'il tombe dans la mélancolie ;
- lors de l'épisode de la représentation du *Meurtre de Gonzague*, Hamlet adopte une attitude particulière vis-à-vis d'Ophélia qu'il avait pourtant rejetée plus tôt. La reine est présente au cours de cette scène et propose à son fils

de s'assoir près d'elle. Ce dernier refuse et annonce ouvertement qu'il préfère s'assoir aux côtés d'Ophélia avec laquelle il badine et plaisante de façon grivoise. Ce passage laisse entendre que par son attitude, Hamlet essaye de rendre sa mère jalouse en s'acoquinant ouvertement avec une autre femme ;

- Claudius incarne la figure paternelle, bien que ce soit un imposteur. Avant même d'apprendre du spectre que son oncle est responsable de sa mort, Hamlet s'oppose à lui, en raison de la relation que Claudius entretient avec sa mère. Claudius est celui qui prive Hamlet de son fantasme œdipien : il tue lui-même le père et partage sa couche avec la mère. Hamlet hésite à accomplir la vengeance de son père, probablement car il s'identifie en cela à son oncle : le tuer, c'est se mettre soi-même à mort.

Hamlet raconte l'histoire d'un prince qui doit tuer son beau-père et qui ressent un dégout quant à la relation que sa mère entretient avec cet homme. En cela, on peut effectivement voir en Hamlet un personnage présentant le complexe d'Œdipe.

PARRICIDE ET DEVOIR FILIAL

On trouve la figure d'Hamlet à travers de nombreux récits. Venger le père est une quête que nombre de personnages ont eu à accomplir. Hamlet se rapproche notamment d'Horus, dieu de la mythologie égyptienne, qui doit affronter Set, son oncle mais également l'assassin de son père Osiris.

On trouve aussi la même image avec le personnage d'Oreste qui a vengé son père Agamemnon en tuant sa propre mère

Clytemnestre et son amant Egisthe.

Cependant, Hamlet n'est pas un personnage qui, par ses hésitations, parait très résolu à accomplir sa vengeance. En cela, il faillit à ce que lui commande la piété filiale. Au contraire, Laertes met au premier rang de ses priorités la vengeance de Polonius, allant jusqu'à accuser Claudius son roi. Il faut noter que le peuple est à ses côtés et prêt à dé-trôner Claudius au profit de Laertes qui n'a pourtant aucun droit sur la couronne du Danemark. Il est légitimé par son rôle de fils-vengeur.

Laertes agit comme Hamlet aurait dû le faire. Contrairement à Hamlet, Laertes donne corps à la piété filiale qui met son père au sommet de toutes ses priorités, la vengeance du père passant même avant son devoir d'obéissance au roi. Hamlet, de son côté, en hésitant à venger son père et par son inaction, devient presque un complice du meurtre de son père. Il est le fils indigne d'un homme dont les mérites sont vantés très souvent dans la pièce, au contraire de Laertes, bon fils d'un père veule et ridicule.

LA THÉMATIQUE DU SUICIDE

Le suicide est un motif qui revient souvent dans la pièce. Cette idée s'impose à Hamlet à plusieurs reprises. Le suicide est une tentation qui ne le quitte pas :

- Hamlet est attiré par le suicide, qui lui apparait comme une porte de sortie. Ophélia emprunte cette sortie en se noyant volontairement alors que Laertes, se jetant sur le cercueil d'Ophélia, se précipite symboliquement lui-même dans la tombe, dévoilant de même un désir morbide ;

- le suicide est longuement discuté par les fossoyeurs qui creusent la tombe d'Ophélia. Ces deux personnages, représentant le menu peuple, débattent sur le caractère impie du suicide. C'est en effet un pêché dans la religion catholique ;

- la mort du père de Hamlet peut aussi être vue comme un suicide. On peut en effet interpréter le poison à oreille utilisé par Claudius comme une métaphore de la parole néfaste. Cette interprétation sous-entend que Claudius aurait pu pousser le roi au suicide en lui faisant des révélations scandaleuses (par exemple un adultère avec Gertrude, ou encore un doute sur la paternité d'Hamlet...) et ainsi pousser le roi au suicide. Si cela reste dans le cadre hypothétique de l'interprétation, certains éléments (comme le choix singulier d'un poison à oreille comme arme du crime ou le fait que le spectre du roi erre, et n'a pas accès au paradis, le suicide étant un grave pêché chez les catholiques), tendraient à rendre cette hypothèse pertinente.

Le suicide survole la pièce et accompagne la folie. Si on considère qu'Hamlet œdipien voit en Claudius sa propre image qui réalise ses fantasmes refoulés, alors on peut considérer sa quête comme étant celle du suicide, car il doit « se tuer lui-même » pour pouvoir venger son père. Par ailleurs, le carnage final est marqué par des suicides (bien qu'involontaires). Laertes meurt, tué par sa propre épée, et ce sont ses machinations qui causent le trépas de Claudius. Dans *Hamlet*, on ne donne pas la mort, on se la donne soi-même. Il ressort de cette tragédie une dimension absurde, un peu comme si les personnages étaient pris de folie et d'une frénésie autodestructrice.

PISTES DE RÉFLEXION

QUELQUES QUESTIONS POUR APPROFONDIR SA RÉFLEXION...

- Comment évolue le personnage d'Hamlet au cours de la pièce ? Comment est-il perçu par les autres personnages ? Comment se perçoit-il lui-même ?
- Analysez la scène où les comédiens interprètent *Le Meurtre de Gonzague*. Comment réagit Hamlet ? Sur quel ton s'adresse-t-il à Ophélia ? Comment réagit-elle ?
- Dans le discours d'Hamlet aux comédiens, quelle est la vision du théâtre qui se dégage ? Est-elle originale ?
- Que signifie l'image des crânes dans la scène de l'enterrement d'Ophélia ? Dans quel genre pictural le motif du crâne est-il récurrent ? Quelle vision de la vie suggère cette image ?
- Que reproche Hamlet aux autres personnages, et en particulier à sa mère ?
- Quel portrait d'Horatio Hamlet dresse-t-il ? Est-ce un personnage important dans la pièce ?
- Analysez les scènes où un personnage se cache pour épier Hamlet. Quel est leur intérêt ? Imaginez une mise en scène de ces passages.
- Quel est le rôle du spectre dans l'intrigue ? Le motif du spectre pourrait-il également se retrouver dans une tragédie française ?
- La pièce de Shakespeare respecte-t-elle les unités de temps, de lieu, d'action et de ton comme le font les tragédies françaises ? Expliquez.

- Comparez *Hamlet* avec *Macbeth* (1606) du même auteur. Quelles sont les similitudes entre les deux pièces ?

Votre avis nous intéresse !
Laissez un commentaire sur le site de votre librairie en ligne
et partagez vos coups de cœur sur les réseaux sociaux !

POUR ALLER PLUS LOIN

ÉDITION DE RÉFÉRENCE

- SHAKESPEARE W., *Hamlet*, Paris, Librio, 1994.

ÉTUDES DE RÉFÉRENCE

- BAYARD P., *Enquête sur* Hamlet, *le dialogue de sourds,* Paris, les éditions de Minuit, 2014.
- JONES E., Hamlet *et* Œdipe, traduit par A.-M. Le Gall, Paris, Gallimard, 1980.
- LIDZ T., « *Hamlet*'s Enemy: Madness And Myth », in *Hamlet*, New York, Basic Books, 1975.

SUR LEPETITLITTÉRAIRE.FR

- Commentaire de lecture sur la scène V de l'acte I de *Macbeth* de William Shakespeare.
- Commentaire de lecture sur la scène du balcon de *Roméo et Juliette* de William de Shakespeare.
- Fiche de lecture sur *Le Songe d'une nuit d'été* de William Shakespeare.
- Fiche de lecture sur *Macbeth*.
- Fiche de lecture sur *Roméo et Juliette*.
- Questionnaire de lecture sur *Roméo et Juliette*.

Retrouvez notre offre complète sur lePetitLittéraire.fr

- des fiches de lectures
- des commentaires littéraires
- des questionnaires de lecture
- des résumés

ANOUILH
- Antigone

AUSTEN
- Orgueil et Préjugés

BALZAC
- Eugénie Grandet
- Le Père Goriot
- Illusions perdues

BARJAVEL
- La Nuit des temps

BEAUMARCHAIS
- Le Mariage de Figaro

BECKETT
- En attendant Godot

BRETON
- Nadja

CAMUS
- La Peste
- Les Justes
- L'Étranger

CARRÈRE
- Limonov

CÉLINE
- Voyage au bout de la nuit

CERVANTÈS
- Don Quichotte de la Manche

CHATEAUBRIAND
- Mémoires d'outre-tombe

CHODERLOS DE LACLOS
- Les Liaisons dangereuses

CHRÉTIEN DE TROYES
- Yvain ou le Chevalier au lion

CHRISTIE
- Dix Petits Nègres

CLAUDEL
- La Petite Fille de Monsieur Linh
- Le Rapport de Brodeck

COELHO
- L'Alchimiste

CONAN DOYLE
- Le Chien des Baskerville

DAI SIJIE
- Balzac et la Petite Tailleuse chinoise

DE GAULLE
- Mémoires de guerre III. Le Salut. 1944-1946

DE VIGAN
- No et moi

DICKER
- La Vérité sur l'affaire Harry Quebert

DIDEROT
- Supplément au Voyage de Bougainville

DUMAS
- Les Trois
  Mousquetaires

ÉNARD
- Parlez-leur
  de batailles,
  de rois et
  d'éléphants

FERRARI
- Le Sermon sur la
  chute de Rome

FLAUBERT
- Madame Bovary

FRANK
- Journal
  d'Anne Frank

FRED VARGAS
- Pars vite et
  reviens tard

GARY
- La Vie devant soi

GAUDÉ
- La Mort du
  roi Tsongor
- Le Soleil des
  Scorta

GAUTIER
- La Morte
  amoureuse
- Le Capitaine
  Fracasse

GAVALDA
- 35 kilos d'espoir

GIDE
- Les
  Faux-Monnayeurs

GIONO
- Le Grand
  Troupeau
- Le Hussard
  sur le toit

GIRAUDOUX
- La guerre de
  Troie
  n'aura pas lieu

GOLDING
- Sa Majesté des
  Mouches

GRIMBERT
- Un secret

HEMINGWAY
- Le Vieil Homme
  et la Mer

HESSEL
- Indignez-vous !

HOMÈRE
- L'Odyssée

HUGO
- Le Dernier Jour
  d'un condamné
- Les Misérables
- Notre-Dame
  de Paris

HUXLEY
- Le Meilleur
  des mondes

IONESCO
- Rhinocéros
- La Cantatrice
  chauve

JARY
- Ubu roi

JENNI
- L'Art français
  de la guerre

JOFFO
- Un sac de billes

KAFKA
- La Métamorphose

KEROUAC
- Sur la route

KESSEL
- Le Lion

LARSSON
- Millenium I. Les
  hommes qui
  n'aimaient pas
  les femmes

LE CLÉZIO
- Mondo

LEVI
- Si c'est un
  homme

LEVY
- Et si c'était vrai...

MAALOUF
- Léon l'Africain

MALRAUX
- La Condition
  humaine

MARIVAUX
- La Double
  Inconstance
- Le Jeu de l'amour
  et du hasard

MARTINEZ
- Du domaine
  des murmures

MAUPASSANT
- Boule de suif
- Le Horla
- Une vie

MAURIAC
- Le Nœud
  de vipères

MAURIAC
- Le Sagouin

MÉRIMÉE
- Tamango
- Colomba

MERLE
- La mort est
  mon métier

MOLIÈRE
- Le Misanthrope
- L'Avare
- Le Bourgeois
  gentilhomme

MONTAIGNE
- Essais

MORPURGO
- Le Roi Arthur

MUSSET
- Lorenzaccio

MUSSO
- Que serais-je
  sans toi ?

NOTHOMB
- Stupeur et
  Tremblements

ORWELL
- La Ferme
  des animaux
- 1984

PAGNOL
- La Gloire de
  mon père

PANCOL
- Les Yeux jaunes
  des crocodiles

PASCAL
- Pensées

PENNAC
- Au bonheur
  des ogres

POE
- La Chute de la
  maison Usher

PROUST
- Du côté de
  chez Swann

QUENEAU
- Zazie dans
  le métro

QUIGNARD
- Tous les matins
  du monde

RABELAIS
- Gargantua

RACINE
- Andromaque
- Britannicus
- Phèdre

ROUSSEAU
- Confessions

ROSTAND
- Cyrano de
  Bergerac

ROWLING
- Harry Potter à
  l'école des sor-
  ciers

SAINT-EXUPÉRY
- Le Petit Prince
- Vol de nuit

SARTRE
- Huis clos
- La Nausée
- Les Mouches

SCHLINK
- Le Liseur

SCHMITT
- La Part de l'autre
- Oscar et la Dame rose

SEPULVEDA
- Le Vieux qui lisait des romans d'amour

SHAKESPEARE
- Roméo et Juliette

SIMENON
- Le Chien jaune

STEEMAN
- L'Assassin habite au 21

STEINBECK
- Des souris et des hommes

STENDHAL
- Le Rouge et le Noir

STEVENSON
- L'Île au trésor

SÜSKIND
- Le Parfum

TOLSTOÏ
- Anna Karénine

TOURNIER
- Vendredi ou la Vie sauvage

TOUSSAINT
- Fuir

UHLMAN
- L'Ami retrouvé

VERNE
- Le Tour du monde en 80 jours
- Vingt mille lieues sous les mers
- Voyage au centre de la terre

VIAN
- L'Écume des jours

VOLTAIRE
- Candide

WELLS
- La Guerre des mondes

YOURCENAR
- Mémoires d'Hadrien

ZOLA
- Au bonheur des dames
- L'Assommoir
- Germinal

ZWEIG
- Le Joueur d'échecs

www.lepetitlitteraire.fr

ISBN version numérique : 978-2-8062-9298-8
ISBN version papier : 978-2-8062-9299-5
Dépôt légal : D/2017/12603/12

Avec la collaboration de Nasim Hamou pour les chapitres « Le théâtre élisabéthain », « Lecture œdipienne de Hamlet », « La folie », « Parricide et devoir filial » et « La thématique du suicide ».

Conception numérique : Primento,
le partenaire numérique des éditeurs.

Ce titre a été réalisé avec le soutien de la Fédération Wallonie-Bruxelles, Service général des Lettres et du Livre.